LUNÉVILLE

PENDANT LA GUERRE ET LE RAPATRIEMENT

PAR

le docteur **TONY SAUCEROTTE**

Médecin en chef de l'hôpital civil et militaire.

EXTRAIT DE LA GAZETTE MÉDICALE DE PARIS.

PARIS, 1872.

Paris, Imprimerie GUSSET et Cⁱᵉ, rue Racine, 26.

LUNÉVILLE

PENDANT LA GUERRE ET LE RAPATRIEMENT.

I. — PÉRIODE DE GUERRE.

(1er août 1870 — 31 mars 1871.)

Lunéville devait, par sa situation géographique et par l'importance de ses établissements militaires, avoir un rôle spécial dans la guerre de 1870. D'une part, cette ville était un centre de ravitaillement important, en raison des approvisionnements considérables qui y avaient été accumulés par l'Intendance; d'autre part, son hôpital civil et militaire, ses casernes devaient recevoir, quelles que fussent les éventualités de la guerre, les malades et les blessés des premiers combats, et tenir leur place dans les établissements hospitaliers de seconde ligne. Qui de nous s'imaginait que nos vastes magasins de subsistances seraient, trois semaines après l'entrée en campagne, la proie facile des Prussiens, et que pendant six mois nous traiterions dans nos hôpitaux nos propres soldats, comme prisonniers de l'armée ennemie? Nous autres, habitants de la frontière et d'une ville militaire, subissions plus que personne les illusions d'un patriotisme peu clairvoyant. Quand notre division de cuirassiers (celle qui fut décimée à Reischoffen) nous quitta, la division de chasseurs d'Afrique vint camper sous les arbres de notre promenade. En voyant cette admirable cavalerie, commandée par des chefs rompus à la guerre comme leurs soldats, et parmi ceux-ci tant de braves médaillés de Crimée, d'Italie, du Mexique, nous nous laissions aller à l'espoir le plus complet. Nous n'apercevions qu'un coin du tableau ; aussi notre déception fut cruelle, plus cruelle sans doute que celle des Français de l'intérieur. Ceux-ci n'avaient point, comme nous, vu défiler sous leurs yeux ces vaillantes et nobles figures, Margueritte, Tillard, Cliquot, de Lignières, et tous leurs frères d'armes morts à Sedan, et tous ces braves soldats qui n'échappèrent ce jour-là aux balles prussiennes que pour aller pourrir six mois dans les prisons de l'Allemagne. Cependant, dans l'atmosphère belliqueuse où nous vivions, l'observateur qui gardait son sang-froid pouvait, dès l'heure du départ, démêler de fâcheux signes dans l'état moral de notre armée. Ainsi les trains qui partaient pour la frontière étaient remplis de soldats dont la tenue était souvent déplorable. Surexcités par l'accueil qu'ils recevaient sur leur route et par les libations qu'on avait le tort de ne point mesurer à leurs besoins réels, beaucoup d'entre eux donnaient le scandaleux spectacle de l'ivresse et de l'indiscipline. Quelques semaines après, nous revîmes d'autres convois militaires : c'étaient les soldats prussiens qui les remplissaient cette fois. Ils marchaient aux combats qui les attendaient dans l'intérieur de la France dans un ordre et une tenue irréprochables. Leurs wagons étaient ornés de guirlandes de verdure et de fleurs ; des chants belliqueux et graves, chantés en chœur, s'en échappaient par intervalles. Mais là se bornaient les manifestations de leur exaltation patriotique et guerrière. Dans la joie du triomphe, la discipline n'avait rien perdu de ses droits. Pénible et douloureux rapprochement que l'on fit alors pour la première fois, et qui put se reproduire trop souvent pendant cette triste guerre ! Mais je ne dois pas me laisser entraîner par l'amertume de tous ces souvenirs hors du cadre que je me suis tracé et qui m'est imposé par la place où j'écris. Je reviens au récit des seuls événements dont nous fûmes les témoins, dont notre ville fut le théâtre. Je n'ai plus qu'à parler des hôpitaux, des blessés, des malades, dont les médecins et les habitants de Lunéville se partagèrent le soin pendant que la guerre étendait ses ravages sur le tiers de la France.

Avant l'ouverture des hostilités, l'administration militaire s'était occupée de développer les ressources hospitalières que pouvait offrir notre ville. Indépendamment des deux cents lits qui sont en tout temps à sa disposition dans l'hôpital civil, un nouvel hôpital fut installé dans le bâtiment le plus salubre de la caserne de l'Orangerie. Un comité local de la Société de secours aux blessés s'organisa sous la présidence d'un de nos plus honorables concitoyens, M. Edmond Keller, et avec les fonds provenant d'une collecte, se chargea de l'installation et de la gestion de l'hôpital temporaire. Le service médico-chirurgical fut partagé entre cinq médecins civils (1), qui le firent gratuitement jusqu'à la fin de la guerre ; nous étions, d'autre part, quatre médecins ou chi-

______

(1) MM. les docteurs Brionval, Chatelain, Mégrat, Putegnat, Rosaire.

rurgiens à l'hôpital civil (1). Avec ces ressources hospitalières, nous pouvions de pied ferme attendre les événements; nous n'eûmes pas un long temps à le faire. Du 25 au 30 juillet arrivèrent à Lunéville les régiments de chasseurs d'Afrique, qui nous amenèrent les premiers malades. Rapidement transportés de leurs garnisons africaines jusqu'à notre contrée, sans avoir pu prendre pendant la route un repos nécessaire, ces soldats payèrent, dès leur arrivée, un tribut à la maladie. La fièvre intermittente, dont l'explosion fut déterminée par un brusque changement de climat, la dysenterie furent les espèces morbides le plus communément observées jusqu'à leur départ, qui eut lieu le 7 août. Vingt-six d'entre eux entrèrent à l'hôpital et trois y succombèrent; quant à leurs camarades, ils ne quittèrent l'établissement que pour prendre le chemin de la captivité. Le 8 août arrivèrent les premières évacuations de malades et de blessés du corps de Mac-Mahon. Les jours suivants, on vit leur succéder l'affreuse débâcle qui suivit la défaite de Wœrth. Les anciens de la cité, qui avaient assisté aux désastres de 1814, n'avaient rien vu de comparable à cette débandade où les soldats marchaient pêle-mêle, sans ordre, sans chefs et souvent sans armes. On retrouvait en effet des chassepots abandonnés par la troupe aux pieds des arbres de la route, dans les champs, sur tous les points de son passage. Si l'on ajoute à cela un temps pluvieux, la perte de tous les effets de campement, depuis ceux du maréchal jusqu'à ceux du simple soldat, on se fera une idée de l'aspect de l'armée et des sentiments des populations. Le corps de Failly, qui n'avait pas donné, avait gardé son effectif et son matériel. Il traversa la ville et disparut. Le bataillon de garde mobile, réuni à Lunéville la semaine précédente, partit le même jour; il n'avait ni uniformes ni cartouches, et avait reçu ses fusils deux heures avant le départ. Ceci se passait le 10 août. Puis les malades et les blessés transportables, avec l'aide de voitures particulières, s'enfuirent de l'hôpital devant l'invasion, et il ne nous resta plus un canon, plus un soldat pour arrêter ou ralentir la marche de l'ennemi. C'est le 12 août qu'il fit son entrée dans notre ville. Un escadron de hussards de Ziethen en prit possession, la carte de l'état-major à la main, sans avoir besoin de demander aucun renseignement sur les routes et les chemins.

Le 14, le gros de l'armée du prince royal traversa l'arrondissement. Lunéville, qui compte 12,000 habitants, eut à loger et à nourrir 25,000 Prussiens, le lendemain un chiffre un peu moindre. Dès ce jour une rigoureuse surveillance, dont on ne se départit plus, fut exercée vis-à-vis

---

(1) MM. les docteurs Castara, Monginot, T. Saucerotte, Simon.

des blessés et des malades qui n'avaient pu fuir de l'hôpital. Aucun de ceux que les Prussiens y trouvèrent, aucun de ceux qu'ils y amenèrent n'y put échapper. Nos ennemis purent ainsi, sans danger et sans gloire, grossir incessamment le nombre des prisonniers qu'ils exhibaient à l'Allemagne enthousiasmée. Un sergent d'ambulance, à demeure dans l'établissement, y tint pour le compte de la Prusse les fonctions de comptable et de surveillant. Chaque jour un médecin militaire vint parcourir les salles, désigner les soldats français à emmener en captivité, surveiller les soins donnés aux Allemands. Dès l'invasion, la moitié des lits (100) dut être réservée aux envahisseurs. Allemands et Français furent, suivant les nécessités du moment, tantôt séparés, tantôt réunis dans les mêmes salles, sans que cette promiscuité ait eu jamais rien de fâcheux. Pouvait-il en être autrement quand la même sollicitude, les mêmes soins les entouraient? Nous laissions à la porte de l'hôpital la haine que nous avions au cœur. Aussi les Allemands le préféraient à leurs propres ambulances. Ils trouvaient dans ces dernières moins de confortable, une alimentation moins bonne et une discipline rigoureuse au lieu des soins maternels de nos dignes sœurs de Saint-Charles. Les médecins de l'armée allemande ne s'immisçaient du reste en rien dans le traitement de leurs soldats et n'avaient que de très-rares rapports avec nous, les jours d'opération notamment. Ces rapports étaient habituellement d'une stricte convenance. Le personnel de l'hôpital civil se souvient avec gratitude du docteur Lagus, médecin en chef des hôpitaux prussiens à Lunéville pendant les premiers mois de l'occupation. Cet homme honorable et excellent eut pour tous des égards et des procédés peu communs dans l'armée prussienne. Nos malades furent traités par lui sur un pied d'égalité parfaite avec les siens, et nous lui dûmes, pour nos soldats, une équitable part dans la répartition des envois de tout genre qui affluaient d'Allemagne pour améliorer le sort des victimes de la guerre. Ces envois consistaient en sucre, café, vins d'Espagne, soda-wasser, fruits secs, tabac, savon, etc. Jamais, pendant sa direction, un de nos soldats ne fut emmené en captivité sans l'acquiescement du médecin traitant. C'était, en effet, à cette dure extrémité que nous étions réduits, et, après nous être refusés d'abord à indiquer ceux de nos soldats qui pouvaient partir pour la captivité, il avait fallu le faire, sous peine de voir ces désignations s'opérer au hasard, ou tout au moins suivant une appréciation mal éclairée. Le docteur Lagus, en obéissant à son devoir militaire, respectait les droits de l'humanité et comprenait la tristesse qui devait nous opprimer. Grâces lui soient rendues pour sa conduite envers les vaincus, pour le bien qu'il a fait, pour le mal qu'il a empêché! Après lui, mentionnons un simple sergent qui, a demeure dans l'hôpital, fut toujours secourable à nos malheureux soldats, et dont la conduite fut, comme celle de son supérieur, un modèle d'humanité. Ce brave homme se nommait Knobloch et était de Breslau, comme notre respectable confrère. Je n'ai pu taire le nom de ces honnêtes gens, si différents de beaucoup de ceux que nous avons vus à l'œuvre en Lorraine.

Les prêtres allemands catholiques et protestants fréquentaient assidûment l'hôpital. Les pasteurs ne se contentaient pas de prédications mystiques et passionnées pour exciter les instincts belliqueux de leurs soldats. Ils présidaient aux chants guerriers organisés en chœur : ils inondaient les hôpitaux de poésies, de brochures, de journaux haineux ; car la haine de la France est depuis longtemps, pour l'Allemand, le commencement du patriotisme. Sous la direction des médecins militaires se trouvait cette nuée d'ambulanciers (1) qui, sous le couvert de la philanthropie, s'est abattue sur la France à la suite de l'armée allemande, pour satisfaire sa haine ou s'y repaître à nos dépens. On y voyait des gens de tout parage, depuis le hobereau qui portait à son cou la croix de commandeur Johannite, jusqu'à l'étudiant râpé et besoigneux qui dévalisait la compagnie de l'Est des boîtes de secours placées dans les gares. On y voyait même des ambulancières femelles dont plus d'une cumulait des fonctions très-diverses dans l'armée d'invasion. Au-dessous des ambulanciers se trouvait une horde de fournisseurs, de brocanteurs, d'aventuriers, coopérateurs nécessaires des officiers allemands dans les exécutions militaires et autres turpitudes où ces derniers ne voulaient point salir leurs mains. La cocarde prussienne faisait de cette race sans vergogne des sortes de personnages auxquels il fallait, bon gré mal gré, fournir le logement, la nourriture, et qu'il eût été dangereux de traiter selon leurs mérites. Enfin au dernier échelon étaient les auxiliaires des auxiliaires, gens faméliques et vermineux, convoyeurs, serviteurs de bas étage, qu'on devait recevoir et nourrir aussi. C'était le dernier degré des hontes et des humiliations que nous devions subir !

Je reviens à l'hôpital. S'il nous était pénible de choisir nous-même, entre nos malades, ceux que nous jugions en état de supporter les misères de l'exil (les pauvres gens nous facilitaient le plus souvent la tâche en s'offrant d'eux-mêmes), il l'était bien davantage, on le croira sans

---

(1) Ce n'est point sans une vive satisfaction que j'ai trouvé les mêmes appréciations que les miennes sous la plume d'un officier allemand, M. de Wickede. Cet écrivain n'a point hésité à flétrir, dans les termes les plus sévères, ce personnel interlope. (Voy. le Mon. univ. du 28 novembre dernier.)

peine, de les voir enlever encore affaiblis ou malades, sans notre avis, malgré notre désir. C'est ce que fit le successeur du docteur Lagus. Cet homme, aussi dur que son prédécesseur était humain, nous enleva ainsi un jour, sans examen et sans avis préalable, une série de prisonniers dans un état de santé déplorable, échappés aux privations et aux souffrances qui suivirent la capitulation de Sedan. Plusieurs durent certainement succomber à ce barbare enlèvement et au régime qui le suivit. On doit penser quels sentiments une telle conduite fit naître en nos cœurs; nous étions impuissants pour l'empêcher. Le nom de cet homme est resté, lui aussi, avec certains autres, gravé dans nos mémoires. Il fut enfin, après un certain temps, remplacé par un médecin d'allures plus convenables et qui ne donna lieu à aucun motif de plainte.

La guerre, pendant ces changements de personne, s'était continuée dans sa lamentable monotonie. Les défaites succédaient aux défaites, les places tombaient les unes après les autres, et chaque mois, chaque semaine, chaque jour nous amenait de nouveaux prisonniers épuisés par les fatigues de la campagne, par les privations du voyage, par les rigueurs de la saison. On a une idée de la démoralisation qui doit s'emparer d'une armée vaincue quand on a soi-même ressenti l'affaissement moral qui succède à tant de désastres. On se rendait au passage des trains de prisonniers pour solliciter comme une faveur, souvent refusée, l'autorisation de conserver dans nos hôpitaux ceux de nos soldats qui se sentaient à bout de forces et ne pouvaient continuer leur route. La dureté prussienne se traduisait parfois de façon à révolter les indifférents, s'il avait pu s'en trouver en ces moments-là. Un jour nous vîmes mourir à la descente du wagon un malheureux soldat que ses gardiens se décidèrent à lâcher le voyant moribond. Un autre jour, après la capitulation de Péronne, on vit par un froid rigoureux (de janvier 1871) un wagon rempli de gardes mobiles couverts des pustules de la variole continuer sa route vers l'Allemagne. Les plus instantes prières n'aboutirent qu'à faire descendre *un* de ces malades pour recevoir ici des soins. Quelque temps après, nous apprîmes que la variole sévissait à Magdebourg et ailleurs, répandue par nos prisonniers! ils avaient emporté leur vengeance avec eux. Que de prières, que de démarches nécessitait parfois l'obtention d'un prisonnier. Les sœurs de Saint-Charles s'en souviennent, car elles obtenaient plus que d'autres, grâce à leur habit respecté et à leur dévouement connu et apprécié de nos ennemis eux-mêmes. Il fallait leur abnégation pour se résoudre à solliciter les hommes d'habitude arrogants ou brutaux qui gardaient nos soldats. Quand on avait pu en recueillir, on voyait des hommes vêtus d'habits déchirés et sordides, épuisés, transis de froid, affamés. Couverts de vêtements insuffisants à les défendre contre les rigueurs d'un hiver exceptionnel, ils ne recevaient, sur notre propre territoire, de l'armée ennemie, que l'alimentation strictement nécessaire pour ne pas mourir de faim, mais non pour supporter les marches forcées qu'on leur imposait. C'est dans cet état misérable que l'armée vaincue à Sedan traversa notre gare. Après la capitulation, elle fut enfermée dans la presqu'île de la Meuse, et exposée aux intempéries de la saison dans une prairie humide, sans abri, sans feu. Nos soldats, manquant de vivres, s'y nourrirent de pommes de terre, de betteraves crues, et contractèrent des dysenteries qui les amenèrent en grand nombre dans notre hôpital. On comprend ce qu'il y avait à attendre du traitement sur de tels malades. Aussi cette fournée d'hommes exténués succomba presque tout entière. Ceux qui continuèrent leur route reçurent des habitants de la ville, qui se pressaient en foule à l'arrivée de chaque train, tous les secours dont on put disposer en aliments, vêtements, etc. Malgré l'affluence et la persévérance des dons, que de misères restaient sans soulagement, dans ces armées entières qui traversaient notre gare, vaincues et dépouillées! Une fois que nous avions reçu nos malheureux soldats dans nos salles, nos efforts avaient pour but de retarder le moment de leur départ. Pour expédier au loin, en plein hiver, des hommes affaiblis ou convalescents, il ne restait dans nos hôpitaux aucune ressource en vêtements. L'industrie des sœurs y suppléait sans cesse, en réparant, appropriant les habits délabrés, triste héritage des morts, en provoquant des dons de cette nature de la part des habitants de la ville. Sous ce dernier rapport, la tâche était facile, car il n'y avait pas une famille, pas une main de femme qui n'apportât sa contribution au soulagement de tant de misères. Les distributions de vêtements aux hôpitaux, aux trains de prisonniers étaient incessantes. Dans la gare, une cuisine de campagne installée sous un petit abri fut tenue tout l'hiver par d'honorables dames qui s'étaient donné la mission de préparer des aliments chauds pour nos soldats. A côté d'elles, d'autres personnes dévouées comme elles organisaient chaque jour, ou chaque nuit, à la lueur d'une lanterne, de charitables bivouacs où se préparaient les distributions aux trains annoncés. Les victimes de nos défaites de Metz, Sedan, Saint-Quentin, Orléans, le Mans qui ont traversé notre ville peuvent témoigner de ce qu'elle a fait jusqu'à la dernière heure pour adoucir leurs souffrances. Quand les ressources locales diminuèrent, la contrée tout entière se mit à contribution, et nous expédia de dix lieues à la ronde les denrées, les approvisionnements qui commençaient à nous manquer pour le ravitaillement de nos prisonniers. Tout le monde ici fit son devoir (à l'exception des réfractaires). Pendant que ces interminables défilés conduisaient en Allemagne nos soldats démoralisés et misérables, nous voyions les Allemands bien vêtus, bien nourris, brutaliser et insulter les vaincus. Par un raffinement inouï de rapacité, *nous dûmes payer, à l'occasion d'un prétendu enchérissement des vivres résultant de la prise de Paris, un supplément de solde aux officiers déjà nourris à nos dépens.* Cela coûta 12,000 fr. à la ville. Un membre de l'administration municipale s'étant permis de réclamer contre une telle énormité à S. Exc. M. de Bonin, gouverneur de Lorraine, fut pour son audace condamné à huit jours de prison et 1,000 fr. d'amende qu'il dut payer sous peine d'une exécution militaire (pillage méthodique) immédiate. Pendant que nos ennemis le dos au feu, le ventre à table, occupaient nos demeures, nos soldats passaient souvent, par les froids les plus rigoureux, des nuits entières dans la gare, enfermés dans des wagons découverts, sans abri, sans paille, et rigoureusement gardés. Mais il faut refouler sans cesse en soi les souvenirs qui se pressent et les sentiments qu'ils font naître.

J'ai dit que ce fut le 8 août qu'arrivèrent dans notre ville les premiers blessés de Wœrth. Les maladies internes ne tardèrent point à paraître dans les deux armées et à prédominer dans nos hôpitaux à mesure que le théâtre de la guerre s'éloignait de nous. Les fatigues excessives résultant de marches forcées faites pendant les chaudes journées d'août amenèrent sur des troupes fraîchement entrées en campagne ce qu'elles occasionnent habituellement chez les individus surmenés, elles développèrent des cas de fièvre typhoïde. A la fièvre typhoïde se joignirent la dysenterie et la péritonite, et ces trois maladies sévirent également sur les deux armées. Nous comptâmes à l'hôpital civil, en août, 11 décès (sur 7 décès français, 4 par dothinentérie) ; en septembre, 12 décès. Pendant ce temps l'armée prussienne commence le siége de Metz, ses soldats s'entassent dans les villages, dans les baraquements qui entourent la place. Aux pluies d'automne, aux fatigues du service vient s'ajouter l'influence plus fâcheuse encore de l'agglomération d'une grande armée sur une étroite zone de terrain, et de l'encombrement des logis qu'elle occupe. Le typhus se développe fatalement et reflue jusqu'à nous. Les soldats allemands qui en sont atteints ont déjà fait séjour sur leur route quand ils arrivent ici ; aussi le présentent-ils rarement à son début. Chez la plupart d'entre eux l'exanthème caractéristique de la maladie à sa première période a disparu. Ils arrivent accablés sous le poids de leur équipement, appuyés sur leurs fusils, la face turgescente, les yeux chassieux et injectés, quelquefois ruisselants sous la pluie, se traînant à peine et s'affaissant sur le premier siége qu'ils rencontrent. Les symptômes graves de la seconde période ne tardent pas à paraître, et les uns succombent emportés par les localisations thoraciques et cérébrales de la maladie; les autres

meurent d'accidents putrides. Ainsi l'un de ces derniers, présentant
une parotidite gangréneuse, est atteint, par extension du mal, d'un
érysipèle de même nature qui envahit les deux paupières et abolit la
vision. Un suintement sanieux et fétide s'opère par les muqueuses de
la région faciale, toute perception a disparu. Ce malheureux présente
l'image d'un cadavre vivant et devient un foyer d'infection pour la
salle où il se trouve. D'éminents confrères de l'armée, F. Jacquot,
MM. Godelier, Vital, ont trop bien décrit le typhus pour qu'il reste à
glaner après eux. Je n'ai donc que peu à dire sur les cas que j'ai ob-
servés. Des deux éruptions cutanées qui accompagnent le typhus, l'exanthème est la seule que j'aie pu constater sur mes malades. Ce fut lui
qui me permit de préciser le diagnostic indécis à l'entrée des premiers
typhiques, et de reconnaître le typhus des armées (typhus exanthéma-
tique des Allemands). Je ne puis établir le chiffre exact des entrées et
des décès dus à cette cause, les cas de fièvre tyhoïde ayant été au commencement confondus avec ceux du typhus même. Le chiffre total des
décès fut de 13 pour les deux maladies sur les Allemands. La mort ar-
rivait habituellement du huitième au quinzième jour; une fois elle eut
lieu le troisième. Les précautions prophylactiques furent : l'isolement
des typhiques dans une salle spéciale (voisine néanmoins des autres
salles du service), l'aération incessante, l'emploi de fumigations phé-
niquées. Je les fis pratiquer avec une solution alcoolique concentrée
d'acide phénique qui nous était fournie par les Allemands. On plaçait
le liquide en évaporation dans une assiette chauffée par un bain de sa-
ble sur le fourneau de la salle. L'atmosphère de la pièce était ainsi
constamment imprégnée d'émanations odorantes dont on proportion-
nait l'intensité au nombre des malades et à la fétidité de leurs exhalai-
sons. Aucun cas de typhus ne fut observé dans l'intérieur de l'hôpital
sur les personnes du service, et notre ville elle-même resta à l'abri de
la redoutable contagion. Les Prussiens furent moins heureux que nous;
malgré les précautions qu'ils prirent, et qui allèrent jusqu'à brûler des
couchages, ils perdirent un sergent d'ambulance à leur hôpital du château. Quant au nombre total de typhiques qu'ils perdirent, il est
resté inconnu de nous, comme tout ce qui se passa dans leurs nôpitaux.

Au commencement de novembre, le typhus disparaît brusquement à
la suite de la capitulation de Metz. La fièvre typhoïde elle-même occasionne de plus rares entrées parmi les prisonniers français. Le changement de saison amène les affections des voies respiratoires, les con-
gélations (dont un cas mortel en janvier). La pneumonie occasionne
sept décès (novembre-février) sur nos soldats épuisés de fatigue,
de privations et couchés dans les trains sur la paille ou le plan-
cher des wagons. L'usure organique qui, dans les conditions ordinaires

de la vie, demande de longues années pour ruiner la constitution, s'est accomplie en quelques mois, en quelques semaines, sur ces malheureuses victimes ; elle est arivée à son dernier degré pour beaucoup d'entre elles. A l'entrée, les pneumonies existent souvent au second degré, et tandis que la gêne de l'hématose et la nature de la maladie indiquent l'emploi des émissions sanguines, l'épuisement des malades écarte la possibilité de toute médication débilitante ou pertubatrice. Le nécrologe s'en ressent, et la moyenne mortuaire augmente dans d'énormes proportions.

L'armistice vient à la fin de février ralentir le mouvement des entrées ; le dernier Allemand entre à l'hôpital civil le 25 mars ; le dernier qui y succombe meurt le 27 du même mois. A la même époque ont lieu les premiers retours d'Allemagne de nos blessés, de nos malades, et nous voyons recommencer en sens inverse un défilé aussi attristant que celui qui, pour nous, avait duré six mois. Les maladies chroniques dominent ; la diarrhée chronique emporte, à la fin de mars, quatre de nos soldats rentrés d'Allemagne ; puis la phthisie pulmonaire prend le premier rang dans les entrées et dans les décès. On pourra, dans le chapitre du rapatriement, juger du nombre de malades de cette catégorie qui ont traversé notre hôpital et qui en auraient grossi la statistique funèbre, s'ils n'avaient préféré regagner leurs foyers.

Nos services chirurgicaux devaient se ressentir de l'éloignement où nous étions des champs de bataille. On n'eut point à y pratiquer d'opérations immédiates, et les amputations secondaires ou les resections y furent très-rares.

Les extractions de projectiles et le traitement des accidents secondaires des plaies par armes à feu y constituèrent à peu près toute la besogne des chirurgiens. Cette besogne fut néanmoins considérable en raison du grand nombre des blessés. A l'hôpital civil, une resection de l'épaule et une amputation de cuisse furent pratiquées pendant la période de guerre ; le premier opéré guérit, le second succomba. On n'y perdit que cinq blessés, du 1er août au 31 mars.

En résumé, du 1er août au 31 mars, l'hôpital civil reçut 1,709 malades ou blessés et perdit 72 hommes. La moyenne mortuaire, qui avait été pour la période triennale 1867-1869 de 2,48 pour 100, s'éleva à 3,86 pour 100. Mais si l'on distingue dans le chiffre brut les Français et les Allemands, on constate que les premiers ont compté 43 morts sur 506 entrées, tandis que les seconds n'ont compté que 29 décès sur 1,203 entrants. La moyenne mortuaire des décès français est donc de 8,59 pour 100, tandis que celle des Allemands n'est que de 2,49 pour 100. Cette différence se comprendra facilement, dans les conditions où se trouvaient les deux armées. Il faut toutefois reconnaître que l'énorme quantité de prisonniers qu'eut à transporter l'armée allemande rendait très-difficiles, à certains moments, les soins médicaux dont ils avaient besoin, les médecins prussiens ne pouvant, en admettant qu'ils l'eussent toujours voulu, suffire à cette partie de leur tâche. Il faut rendre justice même à ses ennemis ; aussi dois-je déclarer que l'on n'eut point ici à se plaindre du commandant d'étapes, le colonel Gauby. Cet officier, dans l'exécution de consignes impitoyables, demeura toujours convenable et poli. On s'en étonnera moins en sachant qu'il est de Weimar. Il laissa dans la plus large mesure la population opérer elle-même, nuit et jour, le ravitaillement de trains de prisonniers, et se montra toujours personnellement accessible, en ce qui concernait les malades et les blessés. Mais son entourage lui ressemblait peu. Si le spectacle de l'ivresse de nos soldats nous affligea au début de la guerre, nous pûmes, par compensation, voir l'ivrognerie se répandre chez les officiers allemands. Un adjudant de place, dont c'était le péché mignon, assomma un jour dans la rue à coups de sabre un honnête citoyen inoffensif qui mourut le lendemain de ses blessures. On dit que le meurtrier passa devant un conseil de guerre.

L'hôpital temporaire s'était mis, dès le 10 août, sous la protection du drapeau de la Société de secours aux blessés et de l'inscription convenue : ambulance internationale.

Les ressources de la Société se trouvant épuisées le 5 décembre, la ville, avec les communes du canton, le prit à sa charge jusqu'au 25 mars, date de sa fermeture. Il reçut pendant ce temps 1,566 malades ou blessés allemands ou français : les premiers le quittèrent le 24 décembre. Indépendamment des services organisés au début de la guerre, il fallut, après la capitulation de Metz, pourvoir au logement et à la nourriture de 3 à 400 prisonniers que les Allemands enfermèrent dans nos casernes en les entourant de la plus rigoureuse surveillance. On choisit pour l'Orangerie les moins valides, et l'on créa dans l'aile gauche une division dite des convalescents. La variole se déclara parmi eux, et l'on fut obligé d'organiser un service spécial de cinquante lits pour cette catégorie de malades. Plus tard, de nouveaux convois de prisonniers français arrivèrent après la bataille du Mans, et portèrent à 674 hommes le nombre de ceux qui passèrent par cette division.

Le nombre total des morts à l'Orangerie fut exactement le même qu'à l'hôpital civil : il s'éleva à 72, sur lesquels 4 décès prussiens seulement. (Je n'ai pu retrouver le chiffre des entrées de chaque armée ; mais celui des journées est de 8,992 pour les Français, de 9,023 pour les Prussiens.) On voit la même disproportion qu'à l'hôpital civil se manifester ici entre la mortalité des uns et celle des autres.

Pour atténuer la brutalité de ces comparaisons, il faut remarquer que les Allemands entraient souvent dans nos hôpitaux pour s'y refaire de leurs fatigues, de leurs privations avant de partir pour l'Allemagne ou de rejoindre leurs régiments.

Quoi qu'il en soit, en excluant les décès des varioleux, lesquels ne comptent point dans les 1,566 entrées de l'hôpital temporaire, on arrive à une moyenne mortuaire générale de 4,21 pour 100. Et si l'on ajoute à ces entrées quelques hommes passés sans mutation du service des convalescents dans les salles de malades, où ils ont succombé, on verra que la mortalité moyenne a été sensiblement la même dans l'hôpital civil et dans l'hôpital temporaire.

Manquant de place en Allemagne pour leurs prisonniers, ou de moyens de transport pour les y conduire, nos ennemis créèrent sur notre territoire, à la charge des pays occupés, des dépôts où ils les gardèrent. Lunéville fut gratifiée de deux de ces établissements, l'un à l'Orangerie dont nous venons de parler ; l'autre à la caserne des Carmes. Celle-ci fut ouverte le 7 décembre à un premier envoi de prisonniers venant de l'armée de Metz qu'il fallut y installer. Tout avait disparu à l'intérieur des chambres, accaparé pour les casernes ou les hôpitaux prussiens ; on dut pourvoir immédiatement au couchage et à l'alimentation de trois à quatre cents hommes dans une ville occupée et pressurée depuis quatre mois. Les Prussiens s'étaient emparés à leur entrée de nos magasins à fourrages ; *ils nous vendirent la paille qu'ils nous avaient prise*, pour coucher leurs prisonniers. Une commission formée de quelques citoyens prit la gestion du dépôt, et obtint des dons de toute nature de la ville et des communes voisines. Avec des couchages obtenus de l'active charité de quelques dames de la ville, on organisa une infirmerie dont se chargea tour à tour chacun des médecins ou chirurgiens de l'hôpital. Les dons en vêtements, denrées affluèrent là comme ailleurs, et quand le 15 janvier les prisonniers de Metz nous quittèrent pour prendre le chemin de la captivité, ils partirent tous bien pourvus et prémunis contre les grands froids. Ceux qui restèrent parmi nous furent rejoints plus tard (11 février) par les prisonniers du Mans, au nombre de quatre cent cinquante, ce qui porta à cinq cent quatre-vingts hommes leur chiffre total. Enfin la ratification des préliminaires de paix amena le 10 mars l'évacuation définitive des dépôts des Carmes.

Au point de vue médical, nous étions là comme partout sous la surveillance des médecins de l'armée prussienne. Ici nous fûmes en présence d'un médecin auxiliaire qui, bien qu'Américain des États-Unis, servait dans l'armée du roi Guillaume. Ce personnage, aussi malpropre sur ses vêtements que dans ses habitudes, avait la *direction supérieure* du service médical des prisonniers. C'est de lui qu'il fallait obtenir, dans les cas graves, l'envoi des malades à l'hôpital ; c'est lui qui décidait l'emplacement des infirmeries, etc. En somme, il nous fut plus désagréable que gênant et nous représenta tristement la République notre sœur, sous le drapeau prussien.

Des hôpitaux prussiens eux-mêmes installés dans les salons et les chambrées du château, ainsi que dans une partie de la caserne des Carmes, nous n'avons que fort peu de choses à dire, personne n'y pénétrant que les médecins prussiens (parmi eux se trouvait le doctenr Laqueur, oculiste connu à Lyon). Le typhus et les fièvres typhoïdes y sévirent dans des proportions que nous ne pûmes connaître. Le nombre des morts en septembre et en octobre fut relativement si élevé, que certains jours on mit deux cadavres par cercueil. Le chiffre total des décès de l'armée allemande dans notre ville est aujourd'hui de 320 à 330.

Récapitulation générale (1er août 1870 — 31 mars 1871.)

Décès de l'hôpital civil.

Fièvre typhoïde : Français, 17. — Typhus et fièvre typhoïde : Allemands, 13. — Pneumonie : Français, 5 ; Allemands, 2. — Dysenterie : Français, 4 ; Allemands, 2. — Variole : Français, 4 ; Allemands, 1. Péritonite : Français, 2 ; Allemands, 1. — Blessures : Français, 3 ; Allemands, 2.

(Puis, par unités, les causes de décès suivantes : congélation, diphtérite, œdème du larynx, diarrhée, méningite, congestion pulmonaire, etc.)

Décès de l'hôpital temporaire.

Fièvre typhoïde : Allemands et Français, 20. — Phthisie pulmonaire : Allemands et Français, 4. — Pneumonie : Allemands et Français, 8. — Dysenterie : Allemands et Français, 19. — Variole : Allemands et Français, 5. — Péritonite : Allemands et Français, 2. — Blessures : Allemands et Français, 5.

(Apoplexie, 2 ; hépatite, 2, et par unités : tétanos, cholérine, ictère, méningite, maladie du cœur.)

Récapitulation des deux hôpitaux : fièvre typhoïde et typhus, 50 (environ 10 décès par le typhus); dysenterie, 25; pneumonie, 15, variole, 10; blessures, 10; péritonite, 5, etc.

Hôpital civil.

Entrées : 1,709; — Allemands, 1,203; — Français, 506.

Décès : 72 (3,86 pour 100);—Français, 43 (8,59 pour 100);—Allemands, 29 (2,49 pour 100).

Hôpital temporaire.

Entrées : 1,566...... Décès : 72.

(Nous avons exposé précédemment les raisons qui empêchent d'établir ici une moyenne exacte.)

II. — PÉRIODE DE RAPATRIEMENT.

(1er avril — 1er août.)

Lunéville fut, avec Vesoul et Charleville, l'une des trois localités désignées pour le rapatriement de nos prisonniers de guerre. Dès la seconde quinzaine de mars, des retours individuels avaient été autorisés par le gouvernement prussien qui nous renvoyait d'abord les plus malades de nos soldats, ceux de tous qui aspiraient le plus ardemment à revoir la patrie. La plupart de ces malheureux, atteints d'affections à une période avancée (phthisie pulmonaire, dysenterie chronique, etc.), ne pouvaient, temporairement du moins, continuer leur route plus loin que Lunéville. Ils entraient à l'hôpital pour y mourir, ou pour y prendre quelque repos, avant de regagner le foyer paternel, ou le dépôt du régiment, quand la famille leur faisait défaut. De petits détachements leur succédèrent d'une manière incessante, et ici encore, la rapacité prussienne trouva matière à s'exercer sur une large échelle. En échange de la liberté qu'elle accordait prématurément à ses prisonniers, elle leur fit payer le prix de leur voyage sur les voies ferrées. Ce prix variait depuis 5 francs (Mayence) jusqu'à 50 à 60 francs (Dantzig, Kœnigsberg). Lourde contribution pour la bourse d'un soldat ou pour de pauvres familles qui y consacraient leur dernier écu, mais après six mois de captivité, que ne faisait-on point pour quitter un pays détesté ? Aussi avec quelle joie nos prisonniers mettaient-ils le pied sur le sol natal où ils retrouvaient des voix amies pour s'associer à leurs plaintes, des mains fraternelles pour soulager leur misère ! Leur vue commençait à nous consoler du passé. L'odieuse exploitation que nous venons de signaler continua après le commencement du rapatriement régulier dans les localités mêmes qui devaient, quelques jours après le départ des hommes isolés, mettre en mouvement vers la France de grands convois de prisonniers.

Ce fut à dater du 1er avril que le rapatriement commença officiellement, et que la commission française entra en fonctions.

Je fus chargé, avec mon confrère et collègue le docteur G. Châtelain, du service médical du rapatriement (1), et c'est dans le rapport qui me fut demandé à ce sujet que je puise les renseignements qui vont suivre.

La caserne des Carmes et celle de l'Orangerie furent affectées au service pour les hommes valides. L'hôpital civil reçut les malades et suffit aux nécessités d'une situation exceptionnelle en admettant dans ses salles, du 1er avril au 1er août, 948 malades. Un certain nombre de blessés ou d'hommes atteints d'affections légères recevaient dans chaque caserne des soins analogues à ceux qu'on donne dans les infirmeries régimentaires. Mais c'était là la moindre partie de la tâche qui nous incombait. En effet, la plupart des soldats qui affluaient aux visites médicales demandaient avec instance des congés qui pussent leur permettre de revoir leurs familles. Leur santé nécessitait moins encore des soins médicaux temporaires qu'un repos prolongé, que la restauration d'organismes affaiblis par les fâcheuses conditions hygiéniques au milieu desquelles ils avaient passé leur captivité. Généralement mal nourris, mal vêtus, mal logés pendant un hiver rigoureux, en proie aux influences morales les plus fâcheuses, nos soldats présentaient à leur retour l'anémie à tous ses degrés.

La proportion des anémiques était tellement considérable que les congés de convalescence donnés pour cette cause furent au nombre de 1,248, et encore ce chiffre ne les comprit-il pas tous, beaucoup d'entre eux ayant obtenu des congés pour des maladies concomitantes ou similaires (héméralopie, œdème des jambes, etc.).

La phthisie pulmonaire n'a, pendant cette période, donné lieu qu'à 15 décès à l'hôpital et à 84 congés de convalescence. Mais il faut observer qu'il ne s'agit ici que de la phthisie confirmée, ou plutôt arrivée à sa troisième période ; que sous la dénomination de *bronchite* qui a été, à elle seule, le motif de 279 congés, il s'est trouvé nombre de phthisies commençantes. Les hommes à examiner étaient tellement nombreux à certains jours (ils ont été une fois au nombre de 6,000 arrivants dans une journée), que, malgré les longues heures consacrées à les visiter, il fallait se borner à un examen rapide. J'ai dû, pour cette

____

(1) Ce service fut gratuit.

raison, classer sous le chef *bronchite* un certain nombre de malades atteints de tuberculose pulmonaire aux premiers degrés de la maladie. Cela ne pouvait avoir d'autre inconvénient, au point de vue des hommes, que de leur faire obtenir des congés insuffisants qu'ils pouvaient faire prolonger chez eux. A côté de la phthisie, on a pu constater un chiffre assez élevé de maladies de l'appareil lymphatique (abcès froids, adénites simples ou suppurées, scrofules) ; de maladies cutanées simples (eczéma, impétigo) ou cachectiques (ecthyma). Une affection qui s'est rencontrée très-fréquemment est l'œdème inflammatoire des jambes résultant de la fatigue imposée par un voyage de longue durée, dans de mauvaises conditions, à des hommes anémiques et disposés ainsi à des congestions passives. Toutes ces maladies se trouvent comprises sous ce titre : *maladies diverses*. On a rangé encore ici les affections d'origine paludéenne et l'héméralopie. Le nombre des malades de cette dernière catégorie atteignait, s'il ne le dépassait pas, celui des anémiques, et je ne puis en fournir le chiffre exact, car une partie a continué sa route vers l'intérieur de la France, sans même se présenter à la visite médicale.

Les blessures ou plutôt leurs suites fonctionnelles, car la presque totalité était guérie au point de vue anatomique, ont donné lieu à 373 congés. Enfin les rhumatismes à l'état chronique, siégeant dans les muscles ou dans les articulations, comptent pour 201 unités dans la récapitulation générale. On retrouve ainsi, confirmées par la nature même des maladies, les influences morbides qui ont agi sur nos soldats et que j'ai signalées plus haut. Mal défendus contre le froid, les bronchites, les rhumatismes ont sévi sur eux ; mal nourris, ils sont devenus anémiques. Une fois ce premier pas fait dans la voie de la décadence organique, ceux qui y étaient prédisposés par leur constitution ou ceux qui n'avaient pas les ressources pécuniaires nécessaires pour améliorer leur genre de vie, arrivèrent aux scrofules et finalement à la phthisie. Il n'est point douteux qu'une prolongation de leur captivité eût fait passer par ces lamentables étapes un nombre bien plus grand encore de nos malheureux soldats. Aussi, quand on a assisté comme nous l'avons fait au rapatriement de notre armée, ne peut-on comprendre les correspondances optimistes que l'on a lues dans quelques journaux, correspondances dans lesquelles des Français (1) n'ont trouvé

---

(1) On ne peut mieux répondre à ces assertions optimistes qu'en faisant connaître les chiffres de la mortalité de nos soldats dans différentes villes. Ces chiffres approximatifs sont : Neisse, 1,700 morts ; Mayence, 1,000 ; Stettin, 900 ; Dantzig, 500 ; Erfurt, 500. Nous avons perdu à Glogau, 753 soldats ; à Glatz, 89 ; à Tharn, 41, etc.

que des louanges pour les soins donnés à nos soldats pendant leur captivité. Tout en faisant la part des exagérations naturelles dans la bou-
che de ces derniers et des difficultés considérables que les adminis-
trations allemandes éprouvèrent à loger et à nourrir une armée de
376,000 prisonniers, on ne peut accepter les assurances contenues
dans ces lettres. S'il y eut en réalité des villes, des contrées, la Ba-
vière notamment, où les prisonniers n'eurent point à se plaindre de
leur sort matériel, il y en eut bien plus, — parmi elles, je citerai Ras-
tadt, ainsi que la Prusse proprement dite, — où les plus dures conditions leur furent faites, sous le rapport du logement et de la nourriture. Des casemates humides comme logement, comme aliments une
soupe gluante à la farine, des légumes secs cuits à l'eau, leur consti-
tuaient un régime habituel plus dur que celui de nos bagnes. Aussi
avec quelle joie nos pauvres soldats savouraient ici la première soupe
substantielle et saine qu'ils mangeaient depuis six mois ! Il y avait du
plaisir à les voir mordre à belles dents notre bon pain de France, dé-
guster la ration de vin qui leur était accordée à leur arrivée ; après
tant de privations, de tels repas étaient pour eux une fête.

Pour résumer ce qui concerne les congés de convalescence, je dirai
qu'il y en eut 3,114 d'accordés. Ils furent toujours donnés aux hommes
sur leur demande ; nous ne pûmes même tenir compte de toutes celles
qui se produisirent, et qui étaient bien naturelles au retour d'une captivité de six, huit ou même dix mois (août 1870-juin 1871). On évita,
en accordant ces nombreux congés, l'encombrement qui se serait infailliblement produit sur tous les hôpitaux de la frontière, si ces militaires y avaient été retenus.

Je passe maintenant à ce qui est spécial à l'hôpital civil pendant la
période de rapatriement.

Les nécessités d'un service exceptionnel ne permirent point de conserver exactement la répartition réglementaire des malades en trois
services distincts. La fin de la guerre, qui précéda de quelques semaines la rentrée de nos soldats, ayant elle-même diminué notable-
ment le chiffre des blessés, on utilisa, pour le placement des malades
dits *fiévreux*, les lits disponibles dans le service chirurgical. De plus,
les vénériens ayant disparu dans le mouvement des entrées, ce service
devint une seconde division de fiévreux. Ces irrégularités dans la dis-
tribution des malades n'eurent aucune influence fâcheuse sur la santé
des hommes, les maladies contagieuses continuant à être reléguées
dans des salles spéciales. La pourriture d'hôpital, qui se déclara en
mars dans l'une des salles de chirurgie sur un certain nombre de blessés, ne fit aucune victime.

Les décès eussent été bien plus nombreux à l'hôpital sans les congés de convalescence accordés à beaucoup de malades infailliblement destinés à succomber dans un délai plus ou moins long à la phthisie pulmonaire ou à d'autres affections organiques.

Dans les circonstances ordinaires, la plupart de ces malades auraient
peut-être attendu leur fin à l'hôpital, mais leur situation d'esprit était
telle qu'il était généralement difficile, souvent moralement impossible
de les retenir ici. Éloignés depuis près d'une année de la patrie, de
leurs familles, ils aspiraient tous ardemment à revoir la maison paternelle. Comment et pourquoi s'opposer à la réalisation d'un désir aussi
légitime et aussi irrésistible? Pourquoi refuser cette consolation dernière
à des hommes fatalement destinés à périr? Nous avons donc laissé partir
certains malades dans des conditions de santé très-mauvaises, je le reconnais. Cependant nous n'avons point à nous repentir de ce que nous avons
fait, car nous avons été informé de l'arrivée à bon port, dans leurs
foyers, des plus malades de nos soldats. Chacun, il est vrai, s'appliquait à leur rendre le voyage moins pénible : les bonnes sœurs de
Saint-Charles, en les approvisionnant pour le voyage, et en ne les
quittant qu'au dernier instant dans notre gare; les agents de la compagnie de l'Est, en les installant eux-mêmes dans les wagons le plus
confortablement possible; l'intendance, en scindant leur voyage avec
des temps de repos. Grâce à ce concert d'efforts et de bon vouloir,
nous avons eu la satisfaction profonde de rendre, ne fût-ce que pour
peu de temps, les joies de la famille à nos pauvres malades qui les
avaient si chèrement achetées.

Récapitulation générale du service médical pendant le rapatriement
(1ᵉʳ avril—1ᵉʳ août 1871).

Prisonniers de guerre rapatriés à Lunéville. . . . . . . 110,000 h.

Maladies et décès.
Hôpital civil : 948 entrées.
44 décès, soit 4,64 p. 100.

Causes des décès : Phthisie pulmonaire, 15 : — Diarrhée chronique,
7 ; — Pneumonie, 4 ; — Blessés, 2 (amputés à la suite d'accidents de
chemins de fer), etc.

Congés de convalescence.

	Anémie.	Phthisie.	Bronchites.	Rhumat.	Blessures.	Maladies diverses, (héméralopie, œdème des jambes, adénites, maladies cutanées, etc.
Hôpital.	57	50	58	53	22	271
Casernes.	1196	34	218	148	351	656
	1253	84	276	201	373	927

Total général. . . . 3114

Les deux premiers actes du grand et triste drame dont nous avons été les spectateurs sont terminés aujourd'hui; le troisième commence pour nous; moins douloureux que les autres, il n'est pas moins humiliant. Si nous ne sommes plus condamnés à voir le vautour prussien s'étaler sur le pavillon royal à la fenêtre de l'héritier de Guillaume, ou le drapeau noir et blanc remplacer partout le drapeau tricolore; si nous ne devons plus entendre la *Marseillaise* exécutée avec d'ironiques fioritures par les musiques de l'armée ennemie, nous allons subir pendant un temps inconnu encore la présence des envahisseurs. Et quand ils videront nos casernes, nos villes, nos promenades, les douleurs et les regrets patriotiques seront chaque jour ravivés pour nous par la vue des montagnes des Vosges qui bornent à l'est notre horizon et qui ne sont plus sur le sol français. Leur cime culminante, le Donon lui-même, but séculaire des excursions des Lorrains, théâtre des cérémonies religieuses de nos ancêtres les Gaulois, est au pouvoir des Allemands. Pour combien de temps? nul ne le sait; mais quelque temps qu'il y demeure, tous ceux qui ont subi l'invasion n'oublieront point les souffrances qu'ils ont endurées, et ne cesseront de ressentir et d'inspirer l'aversion et le mépris pour ceux qui ont déchaîné ces fléaux sur la France.

FIN.